엘리제를 위하여

천영필 3시집

문학공원 시선 181

엘리제를 위하여

천영필 3시집

군대 간 남자가
여자친구에게 보낸
구구절절한 그리움

그 사랑의 대 서사시!

문학공원

자서

아내에게 이 시집을 바친다

반전에 반전을 거듭하면서
여기까지 왔다

사십여 년이 지난
오로지 사랑이라는 한 가지만을 추구했던 시절의
몽환적 서사시를
아내에게 받아 들고 책으로 내보자고
원고를 넘기고 수개월
이제야 눈을 뜬다

함께 여기까지 와준 아내에게 이 시집을 바친다
또한 수고하신 출판사에 감사드린다

경자년 가을로 가는 길목에서

천 영 필 절

서문

유치환 시인에 버금가는 사랑의 서사시

김 순 진(문학평론가 · 은평예총 회장)

금년 5월의 어느 날, 하루는 천영필 시인에게서 전화가 왔다. 무얼 말하려다가 얼버무린다. 그리고 또 어렵게 입을 뗀다. 군대생활을 할 젊은 시절에 쓴 연애편지가 있는데 그걸 책으로 펴내도 되겠느냐는 질문이었다. "그럼요. 누구나 자기의 추억은 소중한 것입니다." 나는 그냥 맞장구 수준에서 응수했다. 그 후 천영필 시인은 또다시 망설임의 시간을 보내고 두 달이 지나서야 원고를 보내왔다.

코로나바이러스로 인해 외부활동을 할 수 없는 상황에서 많은 작가들이 작품 활동에 몰두하고 있나 보다. 예전에 비해 훨씬 많은 책의 발간 의뢰가 들어오고 있다. 때문에 난 천영필 시인이 연애편지의 원고를 보내오고도 너무나 바쁜 나머지 두 달을 그냥 넘길 수밖에 없었다. 그리고 더위가 맹위를 떨치고 태풍이 몰아치며 8.15광복절을 즈음한 보수단체의 광화문 집회와 한 목

회자의 아집으로 인해 코로나바이러스가 매우 확장되어 사회적거리두기가 2.5단계로 업그레이드되어 거리가 한산할 때쯤 나는 그의 연애편지에 몰두하게 되었다.

그의 연애편지에 나는 내 눈을 의심했다. 과연 이 편지가 스물 살 청년의 글이란 말인가? 나는 무릎을 치며 경탄했다. 이는 말이 연애편지지 일찍이 우리나라에서 볼 수 없었던 '사랑의 서사시'였다.

일찍이 유치환 시인은 가정교사로 근무했던 이영도 시인을 짝사랑한 나머지 이루어질 수 없는 사랑이야기가, 6.25동란으로 인하여 소실되고도 무려 5,000통의 편지로 보내졌다고 한다. 유치환 시인이 작고하고 그 중 200통을 추려 두 달 후에 『사랑했으므로 幸福하였네라』(중앙출판공사, 1967)라는 제목의 책으로 출간되었는데, 당시로서는 기록적인 부수인 25,000부를 찍어 냈다고 한다.

나는 천영필 시인의 이 시집 『엘리제를 위하여』가 유치환 시인이 이영도 시인에게 보낸 편지를 모은 『사랑했으므로 幸福하였네라』라는 시집에 버금갈 만큼 문학적으로 가치 있는 시집이라 생각한다. 왜냐하면 단막의 내용이기보다는 한 가지 이데올로기 즉 사랑을 위하여 모든 것을 집중하고 있는 이 사랑편지는 충분히 시적으로도 완성도가 높은 시집이기 때문이다. 어떻게 스물두 살 청년이 이토록 학문적인 깊이와 철학적인 경지에 오를 수 있었는지, 문학적인 완성도를 이룰 수 있었는지,

감탄하지 않을 수 없다. 매 페이지를 넘어갈 때마다 그 두 젊은 남녀의 사랑은 가슴을 후벼 파고 저리게 만든다. 어떻게 이제 막 군대상활을 하는 들의 사람이 이토록 숭고하고도 경지 높은 사랑편지를 보낼 수 있었는지에 대하여 다시금 감탄한다.

나는 일찍이 사랑하던 사람과 이별할 때 쓴 시를『광대이야기』란 시집에 발표한 있다. 그런데 무서우리만치 천영필 시인의 연애편지「엘리제를 위하여」와내 시「이별을 告하는 편지」가 닮아있다. 어찌 보면 동갑인 나와 천영필 시인은 당사 경북 문경과 경기도 포천이라는 서로 만나본 적 없는 사이였음에도 사랑의 감정과 나열된 언어만큼은 거의 흡사할 수 있었음은 그때 젊은 이들의 같은 감정이었을 것 같다는 것만으로는 설명하기 어렵다. 그것은 아마도 마음속에 시인으로의 잠재된 꿈이 도사려 있었고, 문학적 소질이 내포되어 있었기 때문이 아니었나 생각된다. 나는 이별했고 천 시인은 결혼했으니 이 시집이 더욱 의미가 있다고 하겠다.

술을 좋아하고 사람을 좋아해서 그냥 대충대충 살 것만 같은 천영필 시인, '지금 뭐 하느냐'며 불러내 술을 사주는 천영필 시인, 그냥 맘 좋은 아저씨로만 보이는 천영필 시인에게서 이런 위대한 사랑의 서사시가 이미 40여 년 전에 쓰여졌을 줄은 정말 몰 몰랐다.

이 시집은 그저 한 사람이 한 사람을 사랑한 이야기가 아니라, 온 마음을 집중하여 마침내 결혼에 골인하고, 지금까지 결혼생활을 이어가고 있는 두 부부에 대한 부러움과 존경의 마음이 속으로부터 우러나오는 사랑의 서사시다.

일찍이 우리나라에는 김동환 시인이 『국경의 밤』이란 서사시집을 냈고, 최근에 문덕수 시인이 『우체부』란 서사시집을 내, 공광규 시인이 『금강산』이란 서사시집을 펴냈지만, 이는 모두 우리나라의 역사와 지명 등 시대적 상황을 서사한 시집이었고, 이토록 근사한 사랑의 서사시집은 없었던 걸로 안다.

우리는 사랑으로 산다. 젊은이들은 서로 사랑하여 가정을 꾸미고, 부모들은 자식을 사랑하여 그들을 키워내며, 이웃과 사회는 사랑이 서로 사슬처럼 이어져 오늘을 완성하였고 미래로 이어진다. 불타오르는 사랑이냐 식은 사랑이냐는 겉으로 보이는 현상일 뿐 모든 사랑은 숭고하고, 존중받아야 한다. 사람은 사랑할 때 성장하며, 사랑하는 사람이 많아질 때 사회는 밝아진다.

이에 천영필 시인이 군대생활 때 보낸 사랑시집은 다시 책으로 묶여져 많은 젊은이들에게 귀감이 되며 추억이 그리운 사람들에게 다시금 설렘을 불러일으켜줄 것이라 믿는다. 지금 이 시집의 주인공 엘리제는 그의 아내가 되어 된장찌개를 끓이며 알콩달콩 살고 있다. 벤자민은 어엿한 시인으로 성장해 두 번째 시집을 내고 있다. 두 분의 영원한 사랑을 진심으로 기도드리며, 사랑의 서사시집 『엘리제를 위하여』의 발간을 진심으로 축하드린다.

Contents

2부.
엘리제의 길

Contents

3부.
엘리제를 위한 시간

4부.

군사우체국에 왔어요 엘리제

Contents

5부.
엘리제, 그 愛의 考察

1부

그리운 엘리제

엘리제를 위하여

지루하고 외롭던 징검다리 휴일이 계속되었던
구월 말과 시월 초순을 보내고 나니
한 일 없이 기다림과 속태 웠던 날들로
그것도 잠시 뿐,
기억할 가치 없는 기간이었어요
휴가기간이 15일이니까
오늘로 반을 뭉청 물어뜯고
남은 반을 가지고 알뜰살뜰이 다독여본다오

가고 싶은 곳도 많았고
머릿속에 영상으로 피었다가 스러지는
지난날의 아름다운 추억들이
별세계의 모습으로 부가되기만 해요
황홀하게 펼쳐지는
지리산의 단풍과 원색과
청춘의 숨이 할딱이는
세석평의 갖가지 모습의 천막
그리고 밥을 짓고 반찬을 만들고
서로의 정을 교류하던 때가
내게도 있었는가 싶게 시리
보고픈 풍경이며 다시 찾고 싶은

학창시절의 가을등산의 추억을
상무대 동산에서 다시 기억을 찾아요

지금은 버스가 드나든다는 내 고향 길엔
지금 쯤 골골이 벼가 노랗게 익어 서 있고
산산이 단풍이 지려하고
실개울엔 모락거리는 흰 수증기가
가을 아침의 신선한 모습으로 피어오르고
촌락마다엔 밥 짓는 연기가 자옥하게 오르리라
호도는 입을 쩍 벌리고
나무 밑으로 떨어져 풀섶에 숨어들고
밤나무는 굵직한 갈색 알밤이 번들거리며 짝하여 들고
대추나무엔 먹음직한 대추기
가지마다 조랑조랑 열려 붉어질 거다
마당 멍석엔 빨간 고추가 어김없이 널리고
지붕엔 박 넝쿨이
담장가로는 호박이 벌거벗고 가을빛을 마냥 쬐고
송아지는 이리저리 뛰어다니고
어미 소는 송아지 부르느라 음매대고
닭들은 텃밭에서 즐거이 모이 쪼을 게다

무엇보다도 우리 집에선 거둠을 하고
담배 수납을 하면
수확을 거두고 돈이 들어와서

한해의 결실과 보람을 맛볼 게다

올해는 병마가 우리 집을 넘보아서
고생은 많이 하셨을 테지만
불편한 몸으로 나마 담배 손질을 다하시고
좋은 품질의 담배를 바쳐서
훌륭한 등수를 받아
만족하고 기뻐하고 있을 런지 모르겠다
거둠을 해드리는데
일손은 달리지는 않는지 염려스럽고
요즘은 여러모로 바쁜 일과가 진행되는
연속된 노고의 날들이다

훈련다운 훈련도 받고
군인답게 사격도 하고
땀을 뻘뻘 흘리며 행군도 한다
몸도 피곤하고
입도 달고 잠도 잘 온다
여전히 밥맛이 없어
식사엔 용감하질 못하지만
사는 덴 지장 없어요

편지 많이 적는 것도 더없이 좋은데
기쁘게 해줄 편지마저

적을 기력이 부족하니
조금 더 있다가
많은 글 보내야겠다
연일 시달리는 업무 중에도
고달픈 몸을 이끌고
이내몸을 찾아 마다않고 와주시니
고맙고 고마워요
짜증스런 일이 있어도 기쁨으로 바꾸고
외롭다거나 곤혹스럽다는 표현보다는
아름답고 희망과 추진력 강한
우리가 되도록 해요
서로 한 발씩 다가서서
매만져 주고 다독여 줍시나
내 근무시간도 다 돼가요
그럼 내일 이 편지 부칠게요
안녕

- 상무대에서 자기가 사랑하는 벤자민

PS : 미희랑 아기자기 하게 살 수 있길 바라구
혜숙 氏께 내 얘기하고 연락주도록(청첩장 내지는 초대)
이만…

그리운 엘리제

보내준 편지 기쁘게 잘 읽었구요
선명하고 보기 좋게 찍힌 자기랑 나랑의 사진을
즐겁게 보았어요

그리고 토요일 전화에 응하지 못해 미안하고
무엇보다 편지 자주 하질 못해
마음이 가볍지 못했던 한 주였다구요
몸도 조금은 불편하여 의무대를 다니는데
약복용도 잘해서 많이 나아진 편이에요
아직도 계속 다니는 중이어서
치료 받는 예약시간에 맞추느라
고생하는 편이에요

어떤 땐 교육도중 빠져나와야 하고
업무 중에도 슬그머니 빠져나가야 하니
곤혹이 따르긴 해요
다음 주까진 계속 바쁠 거예요

멋진 군인다운 생활이어서
일 년에 한번뿐인 땀 빼는 훈련이지만
열심히 받고

일요일엔 교회를 가고
10월 마지막 주엔
엘리제를 만날 준비를 해야겠어요

– 멋진 군인 아저씨 벤자민으로부터

사랑하는 엘리제

아주 좋은 저녁시간이에요
무척 푸근하고 마음마저 가벼워져요

오늘 하루도 무사히 마쳤으니
감사할 일이요
온전하니 축복된 일이에요

차츰 땅거미가 밀려오고
어둠이 동공으로 깃드는 시간이니
사랑하는 사람을 더욱 그리게 돼요

가을도 저물어 갈수록
색다른 맛을 더해주고
새로운 풍미를 가미시켜 주네요

한 발의 새끼도 요긴하게 쓰일 데가 있다더니
모두들 자기 몫을 해내어서
성공적인 마무리를 할 수 있었고
보람을 느낄 수 있다고 생각해 보는 지금입니다

서리가 내린다는 상강(霜降)이

어제 지나고
이젠 낙엽 뒹구는 풍경을
거부감 없이 바라보며
인생도 황혼기에 이르면
자연처럼 닮아가고
한창 뜨겁게 살아온
세월의 대가를 거둘 테지요

달도 토실토실 여물어가고
산과 내와 언덕 그리고 초원이
어둠에 싸여 윤곽만 남길 때
수심은 더하여 가는가 봐요

정녕 가을은
우리의 코앞에서 모습을 드러낸 채
사랑의 색깔로 다가와요

밤이면 켜지는 은은한 빛깔의 초롱불처럼
단정한 모습에서
한여름 모여든 갖가지 벌레들의 흔적을 찾기는 어렵고
귀찮은 표정과 뒤척이는 기억은 더욱 어려워요

멀리서 가까이에서 귀뚜라미 소리 들려오고
극락강 지나는 열차소리와 기적소리가

아련히 몽롱한 정신처럼 들리고
하늘을 가르는 비행기 소리에
정적을 깨고 있어요

여기는 하늘이 열린
바깥세상
이렇게 앉아 있노라면
바깥세상의 돌아가는 모습들이 서서히
뇌리를 파고들어
단출하고도 오붓한 그리고 정이 넘실대는
우리의 세계를 그리어 보게 돼요

거칠 것이 없는
사랑의 샘물은
계속 넘치고
생활의 터 위에서
자랑과 만족을 갖고
행복의 문으로 들어서는
두 사람의 모습을
보이는 듯 하다구요

요즘 보내준 성원에 감사하며
더욱 좋은 소식과 진리가 숨 쉬는 글
보내기로 해요

자기 만나는 날이 빨리 왔으면 좋겠어요
그동안 고여 둔 생각이랑 언어를 전하고 싶구요
두 손을 꼬옥 잡아 주고 싶어요

이제 머지않은 날에
긴긴 대화를 할 수 있고
멋진 계획들이 정립되고
하나씩 추진되어 지리라 믿음을 가져요

계속 건강하시구요
주위의 모든 이들과
아기자기한 생활이 되어지길 바래요
처음 적을 때는 글이 보였는데
지금은 판독이 어렵군요
이만 맺을게요

– 십삼 시 삼십 분의 바깥에서. 벤자민

보고 싶은 엘리제

말라가는 대지위의 초목들을 바라본다
멀리서 들려오는 교회 종소리와
황혼녘의 노을을 조화롭다고 생각한다
어딘가에서 방금 돌아와
짐을 풀어헤친 여행자처럼
갑자기 피곤과 함께 맥이 빠진다
가을은 점점 저물어 가고
한줄기 비 만 내려준다면
기온은 급강하 하고
겨울로 향하는 문턱이
성큼성큼 다가올 것이다
그대가 광주에 왔다가 돌아 간 후
피부질환으로 고생했다니 마음 아프고
또 나 역시도 피로를 동반한 수가지의 일들과
잦은 정신적 충격이 있어 고민에 싸이곤 했다
전화랑 편지를 기다리게 해서 미안했구
빠르게만 흘러가는 세월이
다행스럽고 위안을 주기는 하나
겹치는 자질구레한 병치레 하느라
신경 날카롭다
의무대를 자주 찾게 되고

진료 받는 시간이 점점 늘어간다
어쩌면 이번 겨울을 서늘하고 차가운 곳에
갇힐 지도 모른다는 불안감마저 있다

사랑하는 엘리제님께
심려를 준다는 것을 떠나서
솔직한 감정을 전하고
위로 받고 싶다는 마음이다
나약한 나이고는 싶지 않지마는
점점 축소되어가는 나 자신을 발견하곤 한다
그래서 한껏 박차고 벗어나
힘과 용기 그리고 기쁨으로 충만한 날들을
맞고 싶고 만족된 웃음을 갖고 싶다
모든 것에서 충실하기 보단
나의 사랑하는 엘리제님께로 가서
오래도록 있고 싶음이다

거리가 있고
고독이 넘실대는
강둑을 허물고 건너야 하는
곳인지도 모르지만
오늘도 상무대를 맴도는
나 자신으로부터
가을에 핍박당함을 느낀다

이 모두가 계절 탓이라고 하자

가을은 너무 깊숙이 우리를 몰아붙이고 있다
소리친다
새 삶이란
이렇게 덧없는 종말이라고
항상 내 곁에서
정열을 보태주는 장미가
학교 본청으로 가는 길목과
학부 앞 푸른 잔디 가운데서 붉게 타고 있다
침묵에 잠긴 채 말이다
오뉴월부터 지금까지
나와는 조용조용 몰래몰래 바치는 언어가 있다
그래서 장미를 사랑할 수 있는가 보다
어떤 날에
파란색과 조화된 붉은 장미를
귀족스럽게 느낀 적이 있는가 하면
코를 쿡쿡 찌르는 진한 향기와
열기로 당혹해 하곤 했었다
또 어떤 때엔
이슬을 머금은 청초한 자태가
고결하게 느껴지기도 했지만
검게 시들어서는
뚝뚝 떨어지는 꽃잎을 보고

서운함과 진한 서글픔을
맛보아야만 했던 때도 있었다

장미
내 곁에 있는 장미는 지금껏
꾸준히도 붉고 산뜻하기만 하다

해가지고 저녁 놀 사라지더니
어둠이 나를 파고든다
또 다른 일과가 기다리고 있다

오늘 일요일 하루도
무사히 보낸 수 있어 감사하고
자기생각으로 글을 적을 수 있어 좋았다
좋은 저녁 맞이하고
변화가 조금은 있으면서
즐거울 수 있도록 노력하자
자기를 만날 수 있었다
11월을 축복하고
다시 환한 얼굴로 만날 수 있길
기도한다

– 상무대 벤자민 아저씨가

엘리제를 위한 콧노래를 부르며

기분이 좋아지는 순간이다
까만 어둠이 세상을 한 꺼풀 덮고
어둠속에 새뜻이 비치는 크고 작은
갖가지 불빛이 무어라고 정겹게
지껄이는 것 같다

촉촉이 젖어든 공간 속에 생명체가
기쁨의 숨을 할딱이며
온갖 즐거운 사색에 잠긴다

세삼 지내온 날들이 말끔히 체계화되고
밝게 규명 되어져 오늘을 살아가는
지혜로 번뜩이게도 되고
신선하고 새로운 생명력을 불러일으키기도 한다

人間이 진정 사는 의미란
서로의 티 없는 순수한 만남의 시리즈이고
욕심이 배제된 상태에서의
정제된 고갱이의 이어짐으로 해석된다

교류

막힘이 없는 물 흐르듯 한 人情의 주고받음
갖가지 맥과 관과 길과 방법을 통해
흐르는 유통이
머물러 썩게 하는 것을
방지해 주고 새로운 생명을 일으켜
원기를 전해준다

환희는 삶의 연속에서 배어나는
하나의 부산물이요
진정 인간을 인간으로 있게 하는
매개이며 보탬이며 진전이다

나만이 대표 될 수 있는 것이고
비로소 나를 떠나서 나의 얼굴이 되는 것이다

충청도 사람은 충청도를 떠나야
충청도 사람의 대우를 받고
문경 사람이
문경을 떠나야
문경사람을 대표하고
동향인을 만나도 객지에서
만나야 반가운 것이고
공통의 점을 갖게 되는 것

어디 인간관계에서
지연만을 갖고 있을까
혈연 동문 동기 인척의 맥락
학문의 맥락
의를 같이하는 사람들에서
인간은 살아가는 것

軍內에서 만난 선후배 상하간과
동기, 전우, 친구들 이 모두가
따스한 개체이고 존중받는 개체라고
편견에서 벗어났을 때
비로소 나는 幸福을 느끼는가 보다

"나는 하나요
나는 둘이요
나는 셋이며 다수의 얼굴이다"라는
생각을 하며 살 수 있을 때
각기 本分과 분수를 따라
살아갈 수 있다

"修養의 표본이며
道의 첫 걸음이랄 수 있는
한결같은 자신의 바른 마음과

바른 몸과
바른 행동
바른 언어는
더없이 소중한 것
그리고 生活人의 자세는
처처불사사불(處處佛 事事佛)[1]의
진리를 음미해야 할 것이다"
여기서 진정한 가을을 보내는
음미가 새롭게 돋아날 거다

또 다음에 잇기로 하구
건강을 빌며

- 광주에서 벤자민

PS : 몸이 조금 불편하여 고생하고 있고
힘에 부치는 일을 얼마동안은 버티어야 되겠지만
보람되고 땀 흘린 뒤의 맛은 더욱 좋아요

1) 가는 곳마다 부처요, 하는 일마다 부처다

엘리제를 향한 편지

가을엔 편지를 쓰겠어요
가을과 함께 숨 쉬고 싶어요
밥만 먹으면 하늘을 쳐다봅니다
유난히도 말간 공기며
신선한 바람이 허공을 맴돌아요

자꾸 달려가고 싶음입니다
낙엽이 우수수 내리는
수목사이를 지나가고 싶어요
빛 바래가는 목초들과 함께이고 싶어요

사랑하고 싶음입니다
한없이 텅 빈 가을의 공간을
사랑하고 싶음입니다

가을은 소리와 바람입니다
오동잎 떨어지는 소리가 뚝뚝
요란스레 귀를 어지럽히고
물기가 가득 담긴 널려진 커다란 잎들 사이를 걸으며
발 옮겨 놀 자리를 찾을 수 없게도 되어요

찬바람이 지나친
들판에 내리꽂히는
한줄기 대낮의 햇살을 좋아하겠어요

얇어신 자림을 한 꺼풀 입히며
한결 포근해진 기분을 사랑하겠어요

코스모스 너부러진 길에서
감싸 안고 따스한 입김을 주고 싶어요
색 비렌 사루비아 꽃잎이 하나 둘
말라가는 모습을 잡아주고 싶어요
손을 내밀고 온기를 더해 주고 싶어요

가을엔 깊은 사랑을 하고 싶음입니다
오래도록 임과 가까이 있고 싶음입니다
잃어가는 청록의 꿈마져
곁가지 시들어가는 솔잎처럼
하나도 남김없이 사랑하고 싶음입니다

홍옥이란 사과보다도
더 짙게 채색된 서녘하늘이
내 앞에 펼쳐짐을 감사합니다

당신을 깊이 사랑할 수 있음을 사랑합니다

당신의 생각의 깊이를 더 할 수 있음을
고맙게 생각합니다

성원하여준 덕으로
무사히 오늘을 설 수 있었습니다
진정 감사합니다

많은 건강을 되찾을 수 있었으며
기분으로나마 가벼워졌고
삶의 진정한 의미를 더할 수 있었어요

그래서 겨울엔 춥지 않을 만큼
하나의 털옷을 더 장만하기보담
사랑할 수 있는 마음을 더 키워보겠어요

기다리겠습니다
아무리 고독과 외로움과
아픔을 삭이는 고통일지라도

염원하겠습니다
좀 더 가까워 질 수 있는
자기와의 거리를

– 벤자민

PS

연일 편지 고맙구요. 소식주려고 노력은 하나
잘되지 못해 송구해요. 더욱 노력해보죠.
건강하고 예쁜 내 엘리제이길…
바램입니다.

엘리제를 생각할 수 있어 행복한 밤

편지를 씁니다
반갑습니다
글을 보낼 수 있는 지금이 있어
좋은 시간입니다
많은 날을 다른 곳에 떠돌다 오늘은
하늘 막힌 자리에 앉았어요
피로가 몰려와서 곤한 잠을 잘 수
있을 듯한데 한 곳에 피곤을 몰쳐 두고
잠시 글을 적으며 생각에 잠겨보아요
칠월의 하늘은
몰고 온 장마도 아랑곳 않고
뜨거움을 내리고
나는 한여름의 휴가를 만끽하지요
서울!
사람!
경제!
성공!
모든 이들의 모든 것을 제공하고
한 치의 여유를 얻지요

홍성의 문당리에서도 문경의 포암마을에서도

만남이 열렸고 원만한 결과와 생각들을 나누었어요
나 하나보다 모두의 행복을 찾을
지혜로울 방법을 찾아야겠어요
좋은 날이어요

- 벤자민

더 좋은 날을 저당해요 엘리제

계획된 휴가를 반쯤 보내고
한 가지씩 줍고 담아온
기억들이 한 알씩 싱그럽다
한주 동안을 계획한
고향을 찾고
엘리제를 만나 홍성을 가고
양가 부친을 상봉시키고
서로가 대화를 원만히 꽃피게 하고
서울에 왔으나
만나고픈 사람들은
하나도 못 만나고
심지어 인천 형조차도
집 언저리도 못 찾고
고향으로 발길을 돌린다
그저 만날 수 있었던 얼굴은 상무대 주인공
퇴역군인들 뿐이고
이제 고향에 몸을 누이고
남은 날을 편히 할 일
몇 곳을 들러 볼 곳 있지만
기약 없는 날에 미뤄두고

토요일엔 임을 만나러 길을 재촉할 터
글도 남길 수 있는 휴가를
올해는 올해대로
그렇게 보내고
더 좋은날을 저당해요

- 벤자민으로부터

2부

엘리제의 길

비가 와요 엘리제

비가 와요 엘리제
약간은 우울과 귀찮음도 있어요
편지 받아 보았고요
전화도 고마웠지만요
직장을 그만 둔다니
염려스럽네요
무얼 어떻게 대책이나 강구 되었는지요
그렇게 싫은가요
아님 힘이 든 것인가요
고통스러운가요
자세한 말씀 있기를 바래요
그리고 휴가에는 어떻게 할까요
나는요
집에 갔다가 부모님께 인사드리고
상의 후 홍성에도 가고
마산에도 가려 하는데요
곧장 엘리제에게로 달려가고 싶음이 있어요
그때 마음 모르니 수시로 전화해요
안녕

\- 광주에서 벤자민

내 마음의 경부고속도로는 엘리제

남으로 내려뻗힌 길을 따라 흘러내리고 거슬러
오르는 일련의 연속된 나날이 쌓여만 간다
남쪽에 애인을 둔 사람인 까닭이리라
어느덧 익숙해져 버린 여정 속에서 요소요소의
경치를 가슴속에 담아가고 있다

낙동강을 지나고 코스모스가 도열한 들판이
시원스레 이어지는 듯 하면 어느덧 골짜기와
계곡이 있는 소백의 구렁을 감아 돌고
그런가하면 또다시 코스모스로 어우어신
넓은 평야가 눈앞에 펼쳐진다

서울이 코앞으로 다가서고 나의 마음은
다시 남쪽을 향한다

마산에 가고 싶어진다
그래서 눈을 감는다
눈앞에 펼쳐지는 아름다운 추억들이 주절이
달리고 어느덧 결실되어버린
야무진 애기가 있는 것이다

\- 벤자민 쓰다

안녕, 엘리제

버스 안에서 글을 적는다
입영열차에 오르기 전에
우체통에 넣을 요량으로

그동안 너와 내가 만나고
무수한 만남과 이별이 있었지만
오늘 대구 북부정류장에서의 석별은
더욱 의미 있는 것이 되겠다

내가 할 말은
거추장스럽고
부정적인 논리의 끈에
구속되지 않을
자유인이 되고
오늘을 가장 잘 보낼 수 있는
뜻이 또렷한 사람이 되었으면 하고

무엇보다도
사랑받는 사람이 되자고
이렇게 강조한다

기회 있으면 또 편지하기로 한다
자기 보고 싶을 땐 눈을 감고
추억을 더듬어 볼게
그리고 자기 사진도 보면서…

- 오 마이 달링 엘리제의 벤자민

엘리제야

우리들의 이야기는 깊어만 간다
구마고속도로를 내리고 오르는 반복됨 속에
더욱 나는 초췌만 해가는 듯하다

무덥던 칠월하순의 어느 날도
폭양이 내려퍼지는 팔월 초순의 연휴에도
한줄기 비를 맞으며 많은 생각을 해야 했던
졸업시즌 코스모스期에도
그리고 민족의 명절 중추가절 한가위에도
10월의 황금연휴에도
소나기 오듯 한 지금의 이 시점에도

사랑하였으므로 행복하였노라[2]고
그리고 아름다웠노라고
외친 시인이 아니어도 나는 이야기하리라

근본적인 문제를 제시한다는 시도들조차
짜증스러운 것이 되나니
그저 우울하고 한이 있고 미련이 있다

---

2) 유치환 시 「행복」 중에서

못다 한 이야기의 찌꺼기가 차츰 모여서
커다란 괴물의 형태를 이뤄
나 참을 수 없게 하는 것을
어이 모른단 말인가

아서라 몰라주고 다독여 줄 수 없는 바에야
말 걸어 무엇하랴

후회는 쌓이고
이제는 씻겨야만 할 순서인가 보다
보다 청결히 하고 새 자세로 맞자

- from 벤자민

가을 들녘을 바라봐, 엘리제

코스모스를 스치고 가는 한 떨기 바람을 따라
가을 들녘으로 나아가
가슴을 넓게 펴고
높푸른 창공을 마음껏 안아보자
가슴이 후련하게 베어드는 신선한 가을 내음을
음미해 보자
저 만치에 떨어진 들꽃이
하늘거리고 방긋이 웃음지으며
맞아 주거들랑 주저 말고 다가가서
예뻐해 주고
청초하게 풍겨주는 가을 이슬이 남기고 간
흔적과 향내를 반갑게 대해보자

높은 하늘은 내게 더욱 가까워 진듯 하고
가을 들녘을 휑하니 스치고 지나는 바람이
더욱 정겹지 않은가

포도 위를 나뒹구는 낙엽이
하나 둘 늘어만 가고
붉은 노오란 가을빛으로 물든 옷가지를
겹겹이 벗어버리고

마른 몸뚱어리가 드러나는 가로수가 놓인
가을의 들녘으로 향해난 길을 따라
그저 자꾸만 걷고 싶다

그래서 이맘때면
저 바람이 불어오는 곳을 향해
저 바람이 불어가는 곳을 향해
떠나고 싶어 하는 것일 것이다

그저 이유 없이 떠나고 싶다
김경수[3]를 만났다
반가움보다는 동서 애를 갖게 해준다
그 옛날로 돌아가는 기회를 포착한 것이다
4년 전의 일
맨손으로 공간에 모여 무엇인가를 창조하려는
무형의 대학문화를 토로했다

김명섭 편집장, 전정숙 부편집장, 김은정 방송부장, 김명수 문화부장, 김영신 취재부장, 최일연 기자, 김경수 기자, 박승록 기자, 배희숙 기자, 심재억, 오재진, 공행원, 김종성, 박봉현, 윤경희, 서은향, 김순미, 정미경, 이재화, 박종훈, 이렇게 20여명의 얼굴들이었다

---

3) 김경수 : 경남대학보사 학생기자 시절의 한 해 선배. 호탕하고 정이 많은 사람이었다.

지금은 모두들 사회에 나아가 일역을 담당하고 새로운 자리를 굳히고 있는 것이다

중등교사로서, 출판부 사원으로서, 신문사 말단 기자로서, 식솔을 위한 가사에까지 모두 참여하고 있는 것이다

일부는 대학원에서 일부는 군에서 아직도 그 역할을 맡지 못한 채 착실한 준비를 하고도 있을 것이다

내가 어느 자리에 서든 성실히 최선을 다해야겠다는 생각만은 변하지 않고 있다

- 엘리제를 그리며 벤자민

엘리제의 길

세상에는 참으로 많은 길이 있습니다

고향으로 가는 길은
영혼의 안식처이며
우리의 마음속에
지워지지 않는 강도 진한 애착과
어린 날의 꿈이 파릇이 보이기도 합니다

어김없이 찬란히 내리꽂은
뙤약볕이 뒤통수 위로 지나고
백일의 밝음이 있고
얼마 쯤 가면 어김없는 개울이 있고
그늘이 있고
나비와 숨바꼭질하는
퇴색되지 않은 동화가 있습니다

들판에서 영그는 땀의 결실과
아버지의 등에서
맡기 좋은 냄새와 김이
모락모락 피어납니다

고향으로 가는 길은 영원한
동심과 사랑과 동화가 있는
아름다운 오솔길입니다

이제 젊음이란
한 구비 지나친 모퉁이에서
약간은 꿈의 물빛과
찬란히 피어나는 태양의 노래 속에는
얼마간의 힘겹고 극복해야할
적지 않고 쉽지 않은 것들을
포함하고 있음을 깨닫게 됩니다

그래서 인생을 나그네 길이라는
말로 표현했는지도 모르죠

태어나면서부터 인간은 누구나
끊임없이 걸어가야 할 길을 부여
받고 종착점에 다다를 때까지
방황과 극복의 힘겨운 과제를
요구하는 속에서 올가미 피해
이리 저리 떠다니는
짐승의 무리인 것입니다

오늘도 우리의 눈앞에 널려지고

얽히고설킨
저 멀리까지 뻗어간 길을 바라보고
한 발을 크게 내딛습니다

고향에 서린 아련함과 포근한 꿈을
기억한 채
이 밤 나는 엘리제를 향해 난 길을 걷습니다

- 벤자민 드림

엘리제에게 오늘의 편지를 보냅니다

천 통이 넘는 우편물[4]을
제 주인 찾아 주면서
느끼는 것은
내 편지도 받고 싶다는 것이요

아울러 토요일과 월요일에
한통씩 받을 수 있었다는
행운에 감사하고

오늘은 작은 돈이나마
꼭 필요한 때에 고맙게
보내고 받을 수 있어 좋았다
화창한 사월의 출발
첫날에 기쁨을 전하고
좋은날의 기대를 희망하구요
오늘의 사랑을 전합니다

또 적을 게요 곧

– 바로 당신의 벤자민

---

4) 상무대 교육병사(학군, 특기병)들에게 오는 외부 우편물

내가 좀 더 자자 좀 더 눕자 하니
네 빈궁이 강도 같이 모여 네 곤핍이
군사같이 이르리라
- 잠언 24-33

엘리제의 정을 느끼며

情
사랑
따스하고 여리게 전해오는
자그만 전율 같은 아름다움

세월의 자취 속에 묻어나는
어둠 같은 슬픈 자국

언젠가 그랬듯이
"다녀올게"
금방이라도 터져 내릴 듯한
폭발의 감정이 더욱 압도 되고
차라리 運命 혹은 체념에 가까운
될 대로 될 거라는
억지 안도감을 가져도 본다

한 줌 흙바람과
눈을 제대로 뜰 수 없는
난잡한 햇살의 퍼짐이
이리로 확산되고
울려 퍼지는

희망의 동그라미
숱하게 앞을 스치고 지나
이제는 한 떨기
수수한 푸른 풀로 남는다

삶을
누구도 아름답지 못한 것이라
부인치는 못할 거다

허공을 뚫어지라
투시하면서
한차례 쓸고간 정상의 햇발에
외로움이 속으로 자라
끝없이 돋아나는 부정과 불안의
싹틈이 있다

돋아나는 자신의 소양됨이
부족함과 부지런하지 못함 앞에
자기의 가편[5]만이
자리 뒤에 숨어든다

꽃다리 건너고
무지개다리 건너서

5) 채찍질하고 재촉함

천상의 고운맘씨처럼
한없이 부드럽고 매혹되는
현란함의 모습 앞에 무지개를 잡아라

진정코 할 수도 없는
참으로 멋진 생명의 전환이
끝없이 신비스레 펼쳐진다
더없이 촉촉한 날들이러라

- 벤자민으로부터

原點에 서서 다시 엘리제를 생각하며

무슨 일을 시작하기 전에
뜻을 세우는 일이 중요합니다
그리고 그 뜻을 향하는 첫걸음을
미래를 결정합니다
그러나 더욱 중요한 것은
첫걸음을 내디딜 때의 마음을
결코 잊어서는 안 된다는 것입니다

自由
망령됨과 자민의
백치가 노련해지려는 즈음이고 보니
뭔가 잡지 못한 빈 가슴으로
오늘을 살아요

좋지도 않은 싫지는 더욱 더 아닌
바쁘면서도 바쁜 게 아닌
절망이면서도
결코 넘어지지 않는 상태이고
기본이에요

토요일

서울 구경을 해야겠어요
하지만 바쁜 시간 중이고 해서
아무 곳에도 가고 싶은 마음이 없어요

막바로 일 마치고 마산으로 달려도
가고 싶은데

사람들의 일이 그리 하고자 하는 대로
쉽게 풀리지 아니하니
어찌 하것소

홍동에도 가겠다는
부모님 특히 아버님께 약속을
하였으니 이 짧은 시간이랄 수도
있는 시간들을 어찌하겠소

많이 걱정스런
이른바 즐거운 비명입니다

소신껏 시간계획을 하겠어요
만약 곧장 달려가
자기를 만난다면
일요일 저녁시간에는
상봉할 수 있으리라 믿어요

하지만 지금 상태로는 매우
망설여지는 순간이에요

시간이 많아 넋두리가 시작되는군요

어찌됐든 자기 보고 싶다는 마음은
틀림없는 것이요

뭐라고 딱 부러지게 적어야겠는데
그렇지 못하니
자신이 심란케 되는군요

엘리제님
나를 어떻게 잡아봐요 - 멜롱 -

그럼 전화로 할게요

- 이만 줄여요 벤자민

PS : 가능한
자기랑 많은 시간 갖도록 할게요

3부

엘리제를 위한 시간

겨울비 오는 날 엘리제를 그리며

찬비가 계속 내리는 음울한 하루가
차분히 흐르고 밤 속으로 들어서고 있어요
오늘 하루 신정연휴의 마지막 날을 보내고 있어요
잡고 보내고 싶지 않은 시간 앞에
정하지 않은 다른 장소로 옮겨야 했어요
하루 한나절을 잠속에서 벗어나지
못한 것이 솔직한 사실 표현이었고
재미없고 지루한 바보상자와 함께해야 했어요

고마웠고요
자신이 여유 없고 짜증스런 기분이라
아주 유쾌하게 해주지 못한 것은
훗날 배로 갚아드리겠어요

일 년이 넘는 좁다란 공간과
매일 되풀이되는 작업들과
그 얼굴의 무표정한 얼굴들을
바라보며 뭔가 정을 채워주고
온기를 보태줄 수 있는 계기를
염원하고 있는지 모르겠어요

정말로 좋아하는 것은 신선한 자기의 사랑이고
자신에로 향하는 열정과 포부와 행복의
전환이란 갈망일 거예요

사랑한다는
조건보담도 생활에 특별한 힘을
불어 넣어줄 수 있는 어떤 만남 같은 것이에요

말을 하지 않아도 말하는 이상으로
의미를 전달 받을 수도 제공할 수도 있을 것

한 떨기 행복이 마치
해 뜨고 질 녘에 발그레 물드는
여린 구름 빛깔만큼이나
연연하고 은근하게 이어지는 것일까요

아무리 극한상황 악의 상황이래도
웃음을 잃지 않고 조금이나마 측은한
마음으로 대상인 他人을 바라볼 수
있는 것으로 신의 축복이라 할 것이에요

옛날 대학에서
지금 병영에서 똑같은
내평을 들을 때 가슴 떨리는

흥분을 느낄 수 있음을
내가 살아있다는 증거로 알겠어요
“항상 웃으니 잘 살겠다”라고

진정 세상이 내편에서서
빛을 주고 온기를 주고
뜻하지 않은 행운과 복을 받는다는
사고는 행복의 오솔길로
나를 인도하는 것이라 생각해요

사랑하는 나의 임이시여
말없이 흘러가는 세월의 출렁임에
자기를 윤기 있고 활력 있게 만들 수 있는
지혜를 주심 고마워하세요

청정한 숲속과 끝임 없이 맑게 흐르는
공기 속에 새해가 나를 찾았다 하세요

좀체 정리되어있지 않고
하루가 혼잡스럽고 주변이 어지러이
널려있다 손치더라도
자신이 한걸음 나아가 듬직하고
세상에 소외되어 있지 않음에
안심하세요

>

그리고 잊지 말 것은
사랑받고 있음에 행복해 할 것이고
무조건 시기 말고 의혹을 갖지 말고
믿음과 부드러움으로 토닥여 줄 거예요

내가 동참하지 않아도 세상은 돌아갈 것이지만
내겐 의미를 부여 받을 수 있는 것조차도 없음에
결국 내 자신이 존재할 수고
안주할 수 있음에 다행으로 여겨야 할 거에요

- 그대를 사랑하는 벤자민

군대생활이 2년이 지났어요 엘리제

병영생활 2년 2개월의
중간지대에서 느끼는 건
오르막길과 내리막길에 대한 관념 그것이고
적응하는 시기로서의 반과
떠나야 할 준비를 하는 반으로
온전한 전체를 이루는 것이라는 게다

결국 모든 사물의 속성이 그러하듯이
한번을 위해 많은 것을 준비하고
비축하고 훈련하고 연습하는 것일 게다

그렇다면 인생자체도 반은 사회에
고착하기 위해서 나머지 반은 사회를
잘 떠나가기 위해서 모즌 정열을
사르는 것이라 하면
인생자체가 서글픈 것일까

사랑하는 나의 임
나의 엘리제님이여
정말 고마웠습니다

그리고 너무나 오랫동안 고생하셨어요

이제 일 년 남짓한 우리의 준비기간 마지막 단계가
더없이 보람되고 유일할 수 있도록
노력해 보시지요

지긋하고 타분한 직장생활의
연속일는지 몰라도 정작 그러한 일감과
정체할 수 있는 터전이 더없이 좋은 곳이라는 건
그 환경을 벗어나서야

체득할 수 있는 것이니만치
확실한 대책이 없이는
거동이란 좋지 않은 것이라 여기고 있으며
아울러 자기의 공명정대한 처신 있기를 소원하며
가능하다면 그리고 또한 불편하지 않다면
아니 꼬리란 게 옳을 테지만
성가시지 않는 범위 내에서
이 몸 벤자민 씨와 상의해주었음
고맙겠어요

그리고 10월 이후에 결혼한다는 것도
환영할 것임을 밝혀두는 바입니다

더울 자세한 이야기랑 확실한 답변은
출장기간 혹은 6월 휴가 때
홍동과 문경 양가에서 합의되어야
그 후가 될 것이지만 말예요

그럼 계속 나날이 계속되는
변덕스런 기후에 몸 건강하고
즐거울 수 있는 날이길 바랍니다

또 전화나 소식 줄게요
이 편지 받은 후 목요일에 11시 전화하거나
줄 수 있길 희망해요

이만 총총히

- 상무대에서 자기의 사랑 벤자민

엘리제가 부러운 이유

샌드위치 휴일이 계속되는 즈음
매우 따분하고 늘어지고
한풀 꺾여 주눅이 들어간다

한 사나흘 휴가를 얻어
산이나 해변으로 훌쩍 떠났다 오고 싶기도 하구

고향의 하늘 아래서 벌어지는 일이
머릿속을 맴돌며 더욱 향수에 젖게 하고
피부에 와 닿는 차가운 기운이
만추의 실감을 짙게 한다

구월의 마지막 날
오갈 곳 없이 상무대에서 박혀있는 내가
엘리제를 부러워하는 건
벗어날 수 없는 굴레가 있기 때문이요

갑자기 보고 싶고
따뜻한 손이나마 오래도록 잡고 싶은 것은
계절 탓만이 아닌 듯한데

한밤중 휘영청 밝은 달이
하얗게 부서져 마치 은세계 속에서
상무대가 놓여 있고
나를 상무대 수풀 우거진
천사의 나라에 있는 듯하다

감기가 종종 찾아드니
코가 맵고 목이 까끌하다

엘리제님께서도
감기조심하시고 찬바람과 이길 수 있는
준비를 해야겠다

그리고
내일부터 시작되는 시월은
더욱 맑고 청청한 사람이길

가을 즐길 줄아는
우리가 되자구요

- 벤자민

추석날 밤에 그려보는 엘리제

하루 밤이 지나고
태양이 동쪽저편에서 솟았다
야간여행의 어려움도 고향으로 향하는
설레임 때문에 어느 정도 참을 만 했겠다
부모님도 오빠 언니 그리고 조카들 모두가
정겹게 다가왔겠고
이웃사촌의 눈웃음으로부터의 인사가 좋았을 것인저
부러움과 샘이 나는 것을 어찌하랴
심통을 부리고 싶어도 그러지 못하구

암튼 예쁜 따님 노릇이랑
동생 혹은 고모로서의 위치를 잘 고수하고
귀환 하시도록 바라구요

밤이랑 감, 호도 등 맛난 과일과
송편, 심지어는 酒도 충분히
채우실 수 있도록 하셔요

무엇보다도 자신 있게 사람을 대하고
진지하고 충분한 얘기를 하고
다시 돌아와 활기 있는 모습으로

꿋꿋하게 생활할 힘을 얻을 수 있길 바래요

내일 또 봐요

- 밝은 달밤에 자기의 사랑 벤자민

To 엘리제

화요일 오후 날씨는 맑게 개이고
구름을 벗어난 태양은 더욱 뜨겁게 빛난다

나의 방으로 들어와
커다란 화병에 꽂힌 꽃들을 바라보며
편지를 쓴다

화병에는 졸업식장에서 받은 꽃들인데
자기가 건네준 빨간 장미와 분홍 장미가 이슬을
머금고 나를 적이 바라보는 듯하다

엘리제는 오늘도 명랑한 기분으로
사람들 속에서
성실한 시간을 보내고 있으리라 생각된다

나 역시 가슴 한구석에 엘리제에 대한 생각을
담아 놓고 가끔씩 떠올려 보고는 하지만
비교적 충실한 학업에의 자세로 차츰 복귀하고 있다

이젠 차츰 정도에 올라서서
나의 학문에의 욕심을 마음껏 향유하면서

재음미해야 될게다 아주 겸손한 자세로

더욱이 엘리제가 내게 건네준 여러 언어들을
잊지 말고 생활에 보탬이 될 수 있는 방향으로
최선을 다하련다
더 어른스러운 한 인간으로 성장하기 위해서

자기가 졸업식 날 보여준 정성스러움을
저버리기 않기 위해 분발할 것을 다짐하면서
자기를 더욱 사랑해주고 자기의 아름다움을
바라볼 것이다

내개
행복을 주는 사람 그대

사랑하는 마음
보고 싶은 마음
그리운 마음
서로의 생각하는 마음들이
괴롭히더라도

아름답게 삭이고
정겹고 다정히 부드럽게 대해줄 일이다

진정 순수한 만남의 기쁨을
잉태한 기다림처럼

또 소식전하기로 하자
동생 미희에세도 삼사해하더라고 전해주고
진정 아름답고 이쁜 학창생활을
하라고도 당부해줘

안녕

1984. 8. 28. 오후

- 당신을 그리는 벤자민

PS : 아마도 특별한 변동 없이
고향에 머물면서 금 토요일 출석 수업을
임해야 할 듯하다
9월 7일부터 정상 강의에 돌입한다

추석이 낀 연휴에는 무엇을 하려는지
신정에 다녀오고 4월에 다녀온 고향을
5개월 만에 다시 다녀올 것인지!

사정이 여의치 않다면 나에게도
자기의 엄마 아빠를 만나게 해준다면
고맙겠고 때를 더 기다려야 한다면

어쨌든 자세한 얘기 편지에 적어 주었으면 해

엘리제를 위한 시간

한결 조용해진 분위기가 맘에 들었다

좀처럼 자신의 현 실태를 돌아보기 쉽지 않은 즈음
이다

차분히 가라앉히고 부유하는 심적 변화와
소소한 갈등을 한곳에 머무르게 하고프다

늙어진 모습보다 더욱 슬프게 하는 건
맥 못 추는 무기력일 거다

거칠고 조악한 사회에 티끌처럼 처해진
자신의 쪼그린 모습에서 처량하고 안됐다고
비춰진 한 컷의 장면이 못내 나를 괴롭히나 보다

조용히 울려나오는 한 밤의 음악
옛일처럼 아련히 밀려오는 추억의 음률에
근래 훈련이다 측정이다 해서
그리고 변하는 분위기 따라 백지와 펜을
오랫동안 밀쳐주었다가 다시 찾아든 것처럼이나
과거의 한없이 분주하면서 추진력 강하게

밀어붙이던 사소한 움직임, 그리고 서글픈 음악도
음률 높은 깐초네도 즐겨들으며
사랑했던 생활을 반추한다

아주 오랜 간격이 지난 후 다시금 되찾은
오붓하고 예쁜 시간이다

무엇보다 글을 적으며 원활하기보단
힘겹고 짜증스러움이 일던 스트레스를 삭이고
또 새롭게 단장하는 자신의 부축임을 본다

사랑하는 임이 있어 보낼 수 있는 편지는
더욱 나를 행복으로 이끌고 간다

임을 사랑할 수 있다는 것
임께 띄울 수 있는 편지를 적는다는 것
자체만으로도 난 행복하다

매일 매일 충실한 집배원이라기보단
배달부로서 얻는 기쁨도 있다

가끔 씩 자신의 이름을 발견할 땐
새롭게 얼굴이 피어난다
그래서 잊을 수 있는 행복,

잠시 현실에서 탈피된 생각과 위안이 된다

11월의 하늘은 모호한 면이 있다
회색과 어울려 풀어진 흰 물감의 다양함과
가슴과 머리를 누르는 중압감
서쪽하늘에 비춰진 짙은 분홍기운
반쯤 남은 달을 풀어 헤쳐가리는 숨 막히는 변화

한 장면의 11월 모습은
정작 읽을 수 없진 않겠지
오늘만도 세 번이나 전파를 탁고
전국에 메아리친 포코의 sea of heart beeak
만큼이나 이상한 마력을 가지고 있을 거나

내일은 장미 얘기를 하자

자정이 넘어섰다

- 尙武臺에서 자기의 사랑 벤자민

PS
보고 싶다
이야기하고 싶다

가슴을 채워주고 싶다
깊이 사랑하고프다

마음의 앙금을 걷어주는 엘리제

자연의 현상은 많은 것을 창조해낸다
가장 아름답고 고귀한 것에서부터
영원히 빛을 받을 것 같지도 않고
아무 가치도 없을 것 같은 것에 이르기까지
실로 엄청난 것들이다
하필이면 존재할 수 있는 것들에서
생각을 얻을 수 있었는지
인간의 감흥이란
실로 하찮은 것에 지나지 않는지도 모르겠다
교감할 수 있는 신경계에 속한다면
다혈질적이고
고래심줄만큼이나 질기고 무딘 것인지도 모르겠고
아님 어리석은 존재이면서도
자신의 부스럼딱지나 건드리는 유아기적 기질을
벗어버리지 못하는 것일까
가는 가을이 저만치에서 마지막 손짓을 하는 듯
회색의 무거운 침울과 속에서부터 떨려오는
한기가 몹시도 싫게 느껴지고
땅을 덮고 바람 따라 굴러서 밀리는 낙엽과
바스락거리며 지껄이는 저들의 이야기가
수심 깊어가는 가을밤을 수놓는다

습기 찬 냉기 속에서도
짜릿하게 육체의 신경을 지지는 감각은
머리가 뜨거운 탓일 거다
볼륨 낮은 목소리와
뭐라고 불만을 가득 채운 언어들이
신경을 썩이고 가슴의 콕콕 찔러준다
뭔가 시원스런 지껄임이 기다려지고
가슴을 터놓을 수 있는 격이 없는 대화가
바램이다
오늘도 기다림 속에 해는 지고
또다시 어둠이 짙게 깔려온다
앙금을 걷어내는 작업을 하고자
음악이 있는 장소로 몸이 옮겨진다

– '엘리제를 위하여'라는 악보의 건반을 치는 벤자민

4부

군사우체국에 왔어요 엘레제

엘리제에게로 달려가고 싶다

시끄러운 것으로 씻을 수 있는
뜨겁고도 답답한 가슴이 온통 뒤섞이면서
또 다른 하나의 부산물을 만들어 놓는다
이름 하여 카타르시스
人生에 있어 가장 많은 활동이 요구되는
이시기에 한곳에 고착하는 것도 참을 수 없는데
人間들의 귀찮은 부대낌과
짓이김에 짜증이 쌓이고
주체하기 어려운 부품이 있어
벙하고 터질 것 같은 게 불안이 일고
만사 제껴두는 포기의 마음까지 생긴다
조잡하고 지저분한 인간들의 표본 속에 갇혀
자신도 박제되어가는
뼈대에 살이 붙은 것만
인간류에 속할 뿐이지
박물관 혹은 실험실에 갇힌
동물에 불과하지는 않을까

즐거울 수 없는 분위기가 나를 죽이는 현장으로
웃을 수도 울 수도 없는 상황이 자신의 모든 것을
부패시키고 결국 상하고 흐느적거리는

몰골로 만든다

한국에 태어났다는 자긍과 기쁨이 어느 듯
푸념으로 바뀌어 상황논리나
복종과 사상의 획일이 강요되는
규격화와 표준화가 진리로 받아들이는
무개성, 무독창적인 것들을 배격하려는
사고의 움이 트이려고 조짐이 있다

나도 탈피하여 새로운 모습으로
태어나서 변모하는 걸 하고프다

아직도 하늘은 찌푸러 있고
자그만 공간 밖에 채우지 못하는 음률이
맴돌고 나는 의미 없는 지껄임만 계속된다

날개 달고 어둠을 통해서라도
엘리제에게로 달려가고 싶다

한쪽구석 잡초우거진 곳에 외로이
봉오리 터트리는 강렬한 장미만큼이나
진한 갈망과 산뜻함이 오래고 간직되었으면 좋겠다

오늘은 이만 맺는다

- 금요일 밤, 많이 사랑하고픈 자기에게 벤자민 씀

PS
옆에 있는 전우가
"엘리제야 ~ 음"하는 잠꼬대를 들었다니
밤에도 자기에게로 가려는 맘은 여전한가 보다
오랜 시간 함께하고 많은 대화를 하고픈 게…

나의 사랑 엘리제님

시간의 발걸음은 또박또박 어김없이 가고
계절의 전환이 서서히 현상으로
나타내 보이고 있어요

그동안 언니네 집에서 성내랑 의정부랑
다니느라 많은 걱정이 따랐으리라 믿으오

물론 많은 것들로 하여 깨우침도 적지
않았으리라 믿지요

하루가 반으로 접어들고
지치고 피로에 겹쳐 졸음은 쏟아지고
힘이 부족함을 어떻게나 느끼는지
무기력함 앞에 힘을 기르는 방안이 모색되고
어쨌건 권력 앞에 연약한 초목의 신세를
한탄할 수도 없는 듯 하외다

뭔가 보람을 찾고 의욕을 가질 수 있는
작업을 멀리 한 지금엔 모든 것이 아쉬울 따름이오
용기도 필요하고 박력도 필요하고
적당히 일의 중독에서 해방될 수 있는

해독 작용도 필요한 때문이요

하루 세끼의 밥조차도
모래알 퍼 넣는 느낌을 주니
죽을 지경이라고 말하기는 더욱 싫어요

배부른 돼지의 포만감 때문에
모든 지혜가 둔탁해지고
적당히 넘기려는 무사안일주의가 고개를 들고
벌여서 일을 만들지 말자는 타성에 젖어
뭔가를 갈구하면서 고민하고 싶은 지금이라오

보고 싶어요
모든 것을 자기의 모든 것과도
얘기하고 싶어요
한번 후련히 싸워보고도 싶구요
이만…

- 벤자민으로부터

군사우체국에 왔어요 엘리제

안녕하시구요
추석 하루전날인데 가랑비가 부슬부슬 내려요
코스모스가 흐드러지게 널어선 도로를 뚫고
자전거를 탄 는 쏜살처럼 달려 나왔어요
그리고 글을 적기로 마음먹고
편지를 보내는 거에요
어제 밤새 고향으로 가는 열자와 버스에서
다소 상기된 기분이 있지만서두
고생은 했겠어요
사기 엘리제 씨!
고향의 향취를 맘껏 누리고
귀환할 수 있었으면 하구요
가을 명절 좋은 시간을 잠으로야
보내는 나의 임이 아니길 바라고
아버지 어머님의 예쁜 딸이구 동생 고모이길 바래요
이만 적을 게요

- 군사우체국 창구에서 벤자민

온후한 옷차림으로 엘리제에게

아름다운 가을 정취 속에서
감동에 가까운 나날을 보내고 있다
추석 명절이 왔고 고향과 친지 어른께
문안 편지도 보냈다
한결 가깝게 다가선 통신망의 덕택에
훨씬 가까운 정을 진하게 느낄 수 있었다
하늘은 저만치 높아졌고 떠다니는
구름은 토명하고 바람은 맑고 신선하다
만물은 완숙하리 만치 점잖고
낟알이 가득히 차고
고요 속에 묵상에 든다
음악은 풍성하게 넘치고
즙이 그득한 과실은 입맛을 돋군다
병영에도 계절을 알리는
분위기가 전해오고 마음 가득 채워
주는 기쁨이 있다
대하는 정겹고 여름내 찌푸려온
상들이 성장의 아픔 성숙의 아픔으로
돌려지고 추억을 아름답게 만드는
작업을 한다
산속에 흐르는 맑은 물과

지저귀는 새소리, 벌레소리가
푸르름 속에서 갇혀 무성해지고는
이제는 가을빛으로 물들어 가고
감동의 장면을 만들고 있다
인생의 보이지 않는 명상이
계절의 바뀜 속에 묻어나오고 있다
이를 알고 즐기는 것이
진실된 인생의 참 멋이겠다
오늘의 따뜻한 한나절의 햇볕이
빨갛게 혹은 노랗게 과실을 익히고
우리의 마음의 양식을 살찌운다
가을을 계곡의 물이 투명해지고
울창한 숲속의 분위기가 투명해지고
새소리가 맑아지고
우리가 거둔 수확과 마음이 풍성케
하는 계절임에 틀림이 없다
바람이 시원한 이곳에 옷차림이 온후해진다
오늘도 이만치 성숙되고 생각이
깊어져 우리의 사랑이 확충되어지길 바란다

이 가을엔 많은 사랑을 해요

– 광주에서 벤자민

엘리제 생각으로 맞은 밤

대화는 나눌수록 커지는
지혜의 샘입니다
시간의 재잘거림에 묻혀
그대 생각에 한 밤을 맞이합니다
어스럼 달빛에 남겨진 상무대의
한 피사체가 다가왔다가는
암흑 속으로 빨려듭니다
많은 것을 할 수 있었던 날들을
날 것으로 깨물어 먹고
한탄과 비방으로 보내자니
아쉬움과 한스럼이 남습니다

이렇게 찌꺼기로 남아 살아온
세월이 무심하다고 할까요

아휴 아직도 구월을 채 마무리
못한 채 다른 날의 갈구가
열화처럼 일어나죠

10月, 11月, 12月, 1月
그러면 하고

생각은 할 수 있지만요
지겹고 안타깝게만 여겨져요
오래도록 기다려 왔지요

133일을 남겨둔 오늘
이젠 정말 떠날 준비를
해야 할까보아요

특별히 준비할 것도 없지만
지금까지 흩어지고 나태해진
자신의 매무새를 고쳐야할 것인가 보아요

입영진야의 두려움과 절망감
이상으로 새로운 것에 대한
경외로움이 있습니다

쌓아올린 많은 것들도
결국은 하나하나 닦고
새롭게 자리해야 할 지금입니다

이럴 테면 입영 전에의 제기되었던 문제들,
특히 인생의 설계에 대한 재정비가
시급히 요청되고 있어요

얼마간의 용기도 있어야 하고
다시 시작하는 추진력과
실력과 경제력의 뒷받침을
점검해야 한다고 할까요

지대한 미래의 포부를
펼쳐나가기 위해서

또 소식 주기로 해요

- 광주에서 벤자민

감사한다 엘리제

우선 엘리제를 위한 글을 적을 수 있음에 감사한다
하루하루가 열탕 속에서 생활이다
오늘은 우체국에 들러 네게 글을 보내기로 했다

엘리제와 떨어져 나온 지도 닷새정도 됐으니
과연 시간은 빠른 것인가 싶다

대전을 거쳐 충주에 도착하여 동생들을 만나
즐거운 시간을 보냈고
짐도 역에서 찾아 운빈해 놓았다

고향에 들어와 보니 농사일로 눈코 뜰 새 없이 바쁜
가족들을 보고 돕지 않을 수 없었지만
삼촌 숙모와 현우랑 숙모의 형부들 가족 셋
그리고 숙모의 남동생 하여 일곱 명과 고모부랑
고종사촌 하명이가 휴가를 틈타 고향을 찾아
무척 혼잡한 분위기였다

충무의 이권주로부터 편지와 사진이
나보다 먼저 도착되어 있었는데
만나고 싶다는 장문의 글이었다

며칠 더 머물다 떠날 예정이다
8월 1일 경에 만나기로 하고 이만 줄인다
부디 몸 성하길 기도하련다

– 병영에서 벤자민

5부

엘리제, 그 愛의 考察

엘리제야

그간도 별 탈 없이 잘 지내리라 믿어본다
요즘은 매우 찌는 듯한 한증막에서 일어나는
갖가지 일에 흥미를 잃는 것보다
더 하잘 것 없는 것들에 사로잡혀 있다

월악산 국립공원 만수동 폭포 아래서 더위를 식히며
아직껏 미답이었던 충주의 여러 곳들을
돌아볼 기회를 갖는다

좋은 일로 연결되었으면 하는 기대 속에 시작되었던
올여름인지라 무척 많은 것들이
기대에서 벗어나고 있음을 직감한다

무척이나 엘리제가 그립고
보고 싶은 시간도 많아진다
어쨌거나 만나는 날까지 꾹꾹 눌러 참아야할 것 같다
사촌동생 현필이가 23일 해군교육단에 입영하니
함께 마산에 내려갈 기회가 있을 듯
열심히 즐겁게 살고 훌륭하고 멋진 일이 함께 하길

— 벤자민

엘리제에게 편지 보낸다

우선 잘 있다는 말을 하여야겠지
그간의 안부를 묻고 싶다
많은 말을 하고 싶고 많은 언어를 대하고 싶다
하지만 군과 사회라는 각기 다른
무형의 장벽을 인식하지 않을 수 없음은
아직도 나의 소견머리가 없는 탓일까
아니면 대범하지 못한 탓일 게다

그리고 엘리제가 위치하는 곳을 머릿속에 그려본다
헤아릴 수 없는 우리의 언어가 흘러 다니는 남쪽
하지만 엘리제의 고향가까이로 다가섰다는 심정으로
마음을 달래본다

다시 군대는 사회 속에 위치한다는 생각을 하며
결코 우리가 격리되거나 단절되어 있다는 감각은
둔해지고 있다
이렇게 글을 줄 수 있고 다시 받을 수 있다는
조그마한 기쁨이 있을 줄을 나는 안다

그렇다 남들은 군생활을 인생행로에 있어
공백기라고들 하지만 나는 내 나름의 한 전환점으로

혹은 경험으로 여기고 있으며
그렇게 만들어 보겠다

십이월이다
갑자년을 마무리하는 달이다
이제는 새로이 다른 일을 시작하기보다는
지금까지 진행시켜온 일을 마무리하거나
혹은 지금까지의 진척상황을 반성하고 검토하면서
새롭게 도약할 수 있는 계기로 삼았으면 한다

엘리제에게 이 달에는 더욱 많은 일이 닥쳐오더라도
즐거울 수 있고
보람을 느낄 수 있고
기쁨을 줄 수 있는 일들이 많았으면 하는 바램이다
마음 한부 분 깊숙이에 엘리제의 모습을 간직하면서
다음 기회를 기약하면서 오늘은 이만 맺어야겠다

십이월 이일 일요일에

자기의 벤자민

추신 : 엄마께서 엘리제의 전화번호를 알려달라고 했는데, 엘리제가 한번 직접 전화를 드렸으면 한다

섭리에 따르자 엘리제

새벽 산책길에서 막 돌아와
거울 속에 내가 놓여 있음을 본다
엘리제의 연휴를 위하여 정성껏 마음을 다했는데
오히려 엘리제 자신에게는 생활의 활력소가 되기보다는
짜증과 피로로 즐겁지 않았는지도 모르겠구나
다시 오늘을 시작하고 자꾸 추구하면서
이루어 가는 하루이길 기대하면서 일어서 본다

8월 3일, 오후 마산으로 향하는 나의 마음은
엘리제의 아름답고 고아한 모습으로 가득 차 있었다

8월 4일, 저녁시간 맹곤의 방의 돗자리 위에서
길게 누워 시원한 바람에 노출된 나의 마음은
한결 가볍고
엘리제의 자그마한 의지와
새로운 희망이 움트는 듯한 감정을 느끼고 있었다

8월 5일, 어둠이 차창 밖에서 위협하는 시간에
나는 서부정류장에서 엘리제가
버스에 오른 후의 모습을 멈춰진 슬라이드처럼

그대로 갖고 있었다
이제 고향에 되돌아와
얼굴을 거울에 통해 비춰보면서
불그스레하고 검은 빛이 나는
나의 얼굴에서 나의 내일과
엘리제의 내일을 번갈아 상상해본다

한 남자와 한 여자가 만나서 함께 산다는 것은
신의 섭리에 따르는 또 하나의 창조라 생각한다
현실에 놓여진 우리 둘의 문제는
각자가 서로를 많이는 말고
조금씩 보고 싶다는 생각을 하고
끊임없이 이어지는 명랑하고 즐거운 기분으로
마음 한구석 조그맣게
서로가 서로의 상을 간직하는 것이다

엘리제야 보다 차분한 마음으로
현 생활공간에서 은은한 즐거움을 찾아보자
그리고 주위에 접하는 사람들을
성실하고 부드럽게 대해주자
이렇게 하면서 현실을 긍정적이고
진보적으로 보내고 우리의 내일을 맞이하자

- 포암마을에서 당신의 벤자민 보내다

To 달링 엘리제

주위의 상황을 둘러볼 여유조차 갖지 못하는 가을의 하루다
오늘은 수안보에서 글을 보낸다
별 탈 없이 잘지내고 있으리라 여기며
아울러 나 역시
항상 생각하여주는 덕분에 잘 있노라 전한다
가로변에 정열적으로 수놓는 빠알간 사루비아가
가을의 안개 속으로
희뿌옇게 내리 비치는 가을햇살을 통해
나의 눈을 자극하고
잠재웠던 미의 감각을 깨우는도다

가을은 달뜨는 기분으로 맞은 탓인지
이달도 중순이 거의 다가도록 나를 찾지 못하고
주위에 둘러싸인 상태에 동화되어 있는 듯하고
충주일대는 혼통 축제 분위기 일색이다
전국민속경연대회가 열리는 것을 비롯하여
우륵문화제가 곧 시작하는 때문이다
가로는 청사초롱과 태극기 그리고
충주시기가 함께 널려
가을을 무르익게 하고 있다

각 골목다다 새로이 포장이 되고
산뜻한 차선이 그어지고
우리 집 앞의 보도블록도 가지런히 놓이게 되었다
사랑하는 사람과 향토에서 열리는 축제를
함께 즐기고 싶은 마음은 어느 것보다 강하다
또 소식전하기로 하고 이만 필을 꺾는다

이만 안녕히

- 벤자민으로부터

PS :
서울에서 언니(수용엄마)를 만나 뵈었다
안암동 로터리 신라명과에서 만나 이야기를 했는데
수용이의 방랑성 덕분에
주변 분위기는 초긴장 상태에서
주로 자기 엘리제에 관한 이야기를 많이 했다
후에 장소를 옮기기도 하였는데
이야기의 초점은 엘리제를 불안하게 하지 말고
차분한 상태에서 서로의 관계를 진행하였으면 하는 바램인 듯하다

추석절 휴가동안 엘리제가 나를 대해준
다정스럽고 따뜻한 후의에 깊이 감사하고

무엇보다도 나를 이해하고 감싸준데 고맙게 여긴다
아울러 동생의 넓은 아량과 이해에 대해서는
대신 고마움을 표해주었으면 한다

보시지요 엘리제

하루의 문을 닫고
안식의 시간에 당신을 향합니다

안녕보다도 귀하고 중한 게 있다면
전신적 육체적 건강일 테고
기분의 최고상태의 유지에
신경을 주어야겠죠

한 잔의 커피를 음미하면서
잠시 일상을 정리하면서
예쁜 낙서꺼리라도 떠올려 보아요

어제는 왜 신경전을 벌이고
힘겨워했는지

별일 아닐지라도
자주 반복되는 일이라
싫군요

부정적 언어를 쓰고 싶지 않지만
어쩔 수 없는 형편이니

이제라도 깊이 있는 생각을 할 때라 봐요
얼굴에 표현되는
하루가 엉망스럽지 않도록 합시다

나는 오늘도 기쁨입니다

비록 당신을 만나
얼마간 기분이 상했더라도
깊이 있게 이해해주고
감싸주는 선배 동료가 있고
마음에 꼭 드는
일상의 일을 개척하는
맘이 온전하기 때문이에요

다음에 만날 때
하나라도 개선된 美이고
최고의 선이길 바래요
8월 중 2주는 근무가 있고

전화로 보다 구체적인 얘기할게요
가능한 부대전화는 안했음 해요
중대한 일 말고는

– 당신을 깊이 있게 사랑하는 벤자민 드려요

서울 간 엘리제

습도가 높은 탓에
기온이 조금만 올라가도
찌는 듯한 더위에 할딱이게 되어요

코오피 한잔의 여유
담배 한 개비의 시간
음료수 한 잔, 냉수 한 사발의
이로움을 만끽하면서
휴식의 공간을 찾고 싶습니다

글 한 줄의 여가를 가지고 싶고
머릿속에 떠오르는 시구(詩句) 한 구절을
적어보고 싶어요

망설임과 떠듦의 끝에서
한 가닥 소망과 여유를 갖고 싶어요

엘리제!
서울로 갔다고요
시간에 얽매이고 육체의 노동에
시달리는 것들에서

많이 자유로워졌다고요

그렇지만 나는 조금씩
불안을 느끼지요
너무 많은 시간과 친밀해진
유들유들한 분위기 속에서
어떻게 많은 일을 하며
자기를 위해 수양하고
야무진 꿈을 키워갈 수 있을 건가 하고요

진정 나의 노파심이길 바라고
엘리제의 힘찬 정진을 바랄뿐이요
자주 소식주기로 하고
대화하도록 해요
이만 맺을게요

- 벤자민

추신 :
아름답게 산다는 것은 사랑 속에 산다는 것이고,
이는 예술과 종교가 합쳐진 하나의 완전성이리라
아름다움이 있는 곳에 조화가 있고
거기에는 삶의 모든 요소들이
제자리를 얻게 되는 것이다

개성 있는 엘리제

개성이란 개개인이 가진 속성
이를테면 각기 독특한 성질을 말함이다
남과 구별 될 수 있는 한 특징이기도 하다

또 한 겹의 밤으로
하루를 감싸온다

온갖 희망과 안식과
성숙의 시공 속에서
천상의 눈빛과 음률에 감동을 얻는다

실로 삶이란 근본도
감흥과 경의와 부푼 희열로 이끌리는
한달음의 끄나플

가슴 두근거리는 아름다움과
우아하고 고고한 청아함이
눈 속에 들어와 박히는
인생의 항법사요 창조자

사랑이란 너와 나의 구주

행복의 섬, 사랑의 보금자리
내일의 꿈

극단으로 치닫는
너무 쉽게 속단해버린
허무와 후회가 찾아오는
경솔의 손님을 경계하라

세상의 일처럼
인어의 허구에 놀림 받는
단순하고 단조로움은 아닌데

행운이 행복은 아닌 것이
욕심과 이기심이 사랑을 해하듯이
우리는 적당한 것을
온당한 것을 비록 작고
미약하나마 기쁨으로
받아들일 일인 것이

좋이 여겨 지혜가 녹슬지 않고
슬픔과 불안이 젖어들지 않도록
새 의미와 활발하고 명랑한 추진력을 길러야 한다

\- 너의 구주 벤자민으로부터

엘리제는 존재만으로도 유혹

우리의 삶이란 서투름을 무릅쓰고
철학적으로 표현한다면 유혹속의 선택적
실존이라고 할 수 있다

유혹을 당하는 경우를 소극적 선택이라 한다면
유혹을 하는 경우는 적극적 선택이라고 할 수 있다

유혹을 당하기도 하고
유혹을 하기도 하는 상황자체는
선악의 피안에 있는 일이다
아름다움을 누구보다도 아름답게 느끼고
사랑을 무엇보다도 소중히 느낄 줄 아는,
이를테면 삼라만상의 깊은 의미와
환희를 곁들여 인식하는 곳에 달도가 있어야 한다

모든 유혹을 물리쳐야 한다는 의미는
보다 값지고 고귀한 유혹을 선택하기 위함이지
유혹과 절연하다는 가름침은 아니다

꽃은 존재만으로도 하나의 유혹이다
그리고 아름다운 꽃일수록 벌레가 침범한다

여자는 자기의 아름다움을 소중히 해야 할 것이지만,
도리어 버러지 같은 사나이를 주변에 모으는
성격을 지니고 있다

자기의 아름다움에 대한 자부심의 수변에
숭배자를 두지 않곤 못 배겨나게 하는 것이다
누군가가 자기를 찬양하면
당연한 보수를 받은 것처럼 으쓱 한다
그리고는
찬양사에겐 그것에 상응한 은총을 내려야한다는
여왕적인 자비심이 발동하여
때론 허례를 받고 실리를 주어버리는
어리석음을 범하기조차 한다

큰 행운은 약속할지 모르는 유혹을 위해
구질구질한 유혹쯤은 무시해 버릴 수 있는
의지력이 중요하다

잊어선 안 될 것은 참다운 삶이란
무엇이냐 하는 통찰력이다

자기를 소중히 하는 목적과 부합될 경우엔
적극적으로 유혹하고 유혹을 당하되,
조금이라도 자기의 가치를 손상할 우려가

있는 유혹은 이를 당연코 거부하라는 것이다

여자의 미덕은 정절이며,
이 정절을 핵으로 하지 않고선
가정의 행복 모성으로서의 행복이 있을 수 없으며
진정한 뜻에 있어서의 여성의 행복은 불가능하다는
이 가치개념만은 영원히 불변한다는 사실은
일월성신의 정연한 운행과도 같다

- from 벤자민

엘리제 사랑의 考

사랑이란 자기 이외의 어떤 대상을 향한 애정이다
이성 이외의 다른 애정은 사랑이라는 말보다는
그것을 표현하는 다른 용어의 사용이
더 적절한데 비해서
남녀 간의 우정은 이성애나
그와 유사한 어떠한 용어보다도
사랑이란 말이 더 적절하게 생각되는 것이 그것이다

사랑의 감정은 이성애
즉 연애의 그것으로써 대표될 수 있다
연애란 이성이 이성을 요구하는 감정이다
모든 남녀는 그 구체적 대상이 발견되기 이전에
이성을 요구하는 사랑의 감정은 이미 준비되어 있다

미리부터 발생된 또는 잠재된
무의식적이고 추상적인 사랑의 감정이
구체적인 대상을 발견함으로써
그 추상적인 사랑은 구체적인 사랑으로써
활동을 전개하게 된다

그 대상에 대한 애정이란 그것의 소유와
그것을 요구한 자신의 만족을 얻는 데 있다

사람은 자기를 위해서만 사랑하게 되며
사랑이란 처음부터 자기를 위해서 발생하는 감정이다

사랑은 이기적인 점에 있어
그것은 개인주의적인 애고이즘이다
그 형식은 이타주의적으로 표현될 수 있으나
그 본질은 항상 이기주의이다

개인주의 적인 애고이즘에서 발생되는 사랑은
그것이 깊고 넓을수록
사랑한 자신의 인간적 가치를
그만큼 깊고 넓게 하는 것인 동시에,
그 사랑을 받을 상태와 인류전체에
그만큼 넓고 깊은 가치를 남겨둔다

사랑이란 개인적인 감정 속에서 유래되어진 것이지만
이것은 그대로 창조성 근원이 되기 때문이다

모든 사람들은 그가 어떤 사람임을 막론하고
사랑할 줄을 알아야한다
사랑할 줄 아는 사람만이
이 인생을 아는 사람이며
정말 사랑해본 사람만이
이 인생을 정말 산 사람이 된다

– 그리운 엘리제의 벤자민

엘리제, 그 愛의 考察

완전한 연애는 정신적인 것과 육체적인 것이 한
꺼번에 충족됨으로써 성립된다

연애란 그가 사랑할 수 있는
단 한사람을 발견하기 위한 모색의 과정이요
추구의 형식이다
이것이 연애의 윤리학이다
일단 한사람의 마음을 얻기 위하여
모든 연애는 시작된다

연애는 그것이 어떠한 형식의 연애이든
그것이 진실한 것일 때에는
언제든지 정당한 행위가 된다
그것의 진실은 모든 것을 정당하게 만들기 때문이다

상무대의 찬란한 아침을 맞는다
긴 시간을 다른 곳에서 보내고
새로운 마음으로 푸르른 성숙의
환경에 안온과 흐뭇함으로 맞는다

새날은 새 의미를 부여할 수 있는

특권이 주어졌기 때문에 좋은 것이고
새로워 질수 있는 것이다

이제는 성숙해야만 할 시기
이제는 아름다워져야 할 시기
모든 것에 원숙해야 할 시기다

행복으로 가는 첫걸음 걸음이
가볍고 큰 것이다

어디에서 무엇을 하고 살아가든
힘이 넘치고
희망의 이파리가 파랗게 피어나야 할 것이다

소식 주고 소재를 밝힐 수 있길 바라고
유종의 미를 거둘 수 있도록 건투하십시오

– 당신의 사랑 벤자민

추신
훌륭한 한주일이 되구요
마지막 마산생활을 청산하는데 차질이 없고
인상이 흐리지 않도록 할 것에요
부지런하되 서두르지는 맙시다

세파에 뛰어드는 엘리제

아름답게 산다는 것은 정으로 산다는 것이다
그리고 조화를 지니며 산다는 뜻이다
사랑은 항상 아름다움을 발견하며 창조해간다
사랑은 미(美)를 낳아주며 길러가며
또
완전하게 한다

며칠 남지 않은 시월
월요일 오후 꾸무리한 날씨의 분위기에 침잠된
자신의 기분을 본다

어제는 일요일 맑은 날씨처럼
기분 좋고 즐겁게 지낼 수 있었고
면회 온 교육생 부형님들께서 들고 온
갖가지 햅쌀로 빚은 떡과 밤 그리고 김치로
맛나게 배불릴 수 있었고
빨간 사과와 하얗고 살이 충분히 오른 배를 먹으며
가을을 만끽할 수 있었다

어언 입대한지도 1주년을 다가서고 있고
그간도 무수히 많은 밤과 낮을

젊음과 푸른 꿈을 간직한 채 기쁘고
즐거울 수 있는 생활이 펼쳐질 수 있었음은
엘리제님의 덕분이라

오늘 경자에게서 편지를 대한 즉
드디어 광활하고도 험난한 거치른 세파에 뛰어드는
순간을 실감할 수 있었다

종로2가 소재
건축설계사무소에서 근무하게 되었다는데
부평 형에게 거처를 정하게 되어서
상당한 불편을 느낀다는 얘기며
충주동생들 둘 걱정 때문에 불안을 느낀다는 얘기다
아울러 몹시도 피곤과 정신적 불안에
방송통신대 공부를 중단하지 않을 수 없다는 얘긴데
나로서는 어찌할 수 없는 딱한 입장이다

나의 사랑 엘리제님
몹시도 바쁜 날의 연속에 심신이 곤하지만
어찌 하오리까 이렇게 호소하는 것으로 족할 밖엔요

이번 일요일에 광주에 오겠지요
혜숙 氏 결혼식을 핑계로
그런데 군인인 나로서는 요즘에 복잡한 일이 많아서

그날 어떻게 외출하여 결혼을 축하할 수 있고
자기랑 이 가을을 탐닉할 수 있을 지는 미지수라구요

아무튼지 금요일 오후 1시에 전화 줄 수 있도록
해주면 고맙겠어요

시월이 새달로 갈음하는 주에 서서
새론 갈등과 설레임이 있고
자기를 만날 수 있는 주말은 더욱 기쁨에 가득할 것이요
더욱이 기쁜 얼굴이었음 더할 나위 없겠어요

온통 주위는 현란하리만치 회사한
단풍진 나뭇잎들이 나를 달뜨게도 하고
쓸쓸함에 잠기기도 하고
그리고 밤이면 휘영청 밝은 구월 보름달 때문에
가끔 잠을 깨기도 하고 잠 못 이루기도 하지요

자기와 함께 오래 오래 함께 하고고 싶음입니다
꼭 금요일 전화해주어요 오후 1시에

\- 상무대 노 병사 벤자민

PS

토요일엔 자기가 보내준 편지를 책으로 만들었어요

119통의 편지가 보내온 차례대로 묶었는데

입대하고 난후 처음 받은 편지에서 가장 감동이 묻어 나와요

그리고 4월엔 짙은 고독을 느낄 수 있었고

그리움을 읽을 수 있었어요

천영필 3시집

엘리제를 위하여

초판인쇄일 2020년 9월 21일
초판발행일 2020년 9월 25일

지은이 : 천영필
발행인 : 김순진
편집장 : 전하라
디자인 : 김초롱
펴낸곳 : 문학공원
등 록 : 2004년 3월 9일 제6-706호
주 소 : 우편번호 03382 서울 은평구 통일로 633
녹번오피스텔 501호 스토리문학사
전 화 : 02-2234-1666
팩 스 : 02-2236-1666
홈페이지 : http://cafe.daum.net/yob51
이메일 : 4615562@hanmail.net

※ 책값은 뒤표지에 있습니다.